2020

I0506758

Januar
M	D	M	D	F	S	S
		1	2	3	4	5
6	7	8	9	10	11	12
13	14	15	16	17	18	19
20	21	22	23	24	25	26
27	28	29	30	31		

Februar
M	D	M	D	F	S	S
					1	2
3	4	5	6	7	8	9
10	11	12	13	14	15	16
17	18	19	20	21	22	23
24	25	26	27	28	29	

März
M	D	M	D	F	S	S
						1
2	3	4	5	6	7	8
9	10	11	12	13	14	15
16	17	18	19	20	21	22
23	24	25	26	27	28	29
30	31					

April
M	D	M	D	F	S	S
		1	2	3	4	5
6	7	8	9	10	11	12
13	14	15	16	17	18	19
20	21	22	23	24	25	26
27	28	29	30			

Mai
M	D	M	D	F	S	S
				1	2	3
4	5	6	7	8	9	10
11	12	13	14	15	16	17
18	19	20	21	22	23	24
25	26	27	28	29	30	31

Juni
M	D	M	D	F	S	S
1	2	3	4	5	6	7
8	9	10	11	12	13	14
15	16	17	18	19	20	21
22	23	24	25	26	27	28
29	30					

Juli
M	D	M	D	F	S	S
		1	2	3	4	5
6	7	8	9	10	11	12
13	14	15	16	17	18	19
20	21	22	23	24	25	26
27	28	29	30	31		

August
M	D	M	D	F	S	S
					1	2
3	4	5	6	7	8	9
10	11	12	13	14	15	16
17	18	19	20	21	22	23
24	25	26	27	28	29	30
31						

September
M	D	M	D	F	S	S
	1	2	3	4	5	6
7	8	9	10	11	12	13
14	15	16	17	18	19	20
21	22	23	24	25	26	27
28	29	30				

Oktober
M	D	M	D	F	S	S
			1	2	3	4
5	6	7	8	9	10	11
12	13	14	15	16	17	18
19	20	21	22	23	24	25
26	27	28	29	30	31	

November
M	D	M	D	F	S	S
						1
2	3	4	5	6	7	8
9	10	11	12	13	14	15
16	17	18	19	20	21	22
23	24	25	26	27	28	29
30						

Dezember
M	D	M	D	F	S	S
	1	2	3	4	5	6
7	8	9	10	11	12	13
14	15	16	17	18	19	20
21	22	23	24	25	26	27
28	29	30	31			

Dezember

Woche 1   30.12.19 - 05.01.20

○ 30. MONTAG

                                       NOTIZEN

○ 31. DIENSTAG

○ 1. MITTWOCH

                                       AUFGABEN

○ 2. DONNERSTAG

○ 3. FREITAG

○ 4. SAMSTAG / 5. SONNTAG

Januar

Woche 2											06.01.20 - 12.01.20

○ 6. MONTAG

NOTIZEN

○ 7. DIENSTAG

○ 8. MITTWOCH

AUFGABEN

○ 9. DONNERSTAG

○ 10. FREITAG

○ 11. SAMSTAG / 12. SONNTAG

Januar

Woche 3   13.01.20 - 19.01.20

○ 13. MONTAG

                                                NOTIZEN

○ 14. DIENSTAG

○ 15. MITTWOCH

                                                AUFGABEN

○ 16. DONNERSTAG

○ 17. FREITAG

○ 18. SAMSTAG / 19. SONNTAG

Januar
Woche 4   20.01.20 - 26.01.20

○ 20. MONTAG

                                          NOTIZEN

○ 21. DIENSTAG

○ 22. MITTWOCH

                                          AUFGABEN

○ 23. DONNERSTAG

○ 24. FREITAG

○ 25. SAMSTAG / 26. SONNTAG

Januar

Woche 5 27.01.20 - 02.02.20

○ 27. MONTAG

NOTIZEN

○ 28. DIENSTAG

○ 29. MITTWOCH

AUFGABEN

○ 30. DONNERSTAG

○ 31. FREITAG

○ 1. SAMSTAG / 2. SONNTAG

Februar

Woche 6   03.02.20 - 09.02.20

○ 3. MONTAG

                                     NOTIZEN

○ 4. DIENSTAG

○ 5. MITTWOCH

                                     AUFGABEN

○ 6. DONNERSTAG

○ 7. FREITAG

○ 8. SAMSTAG / 9. SONNTAG

Februar

Woche 7

10.02.20 - 16.02.20

○ 10. MONTAG

NOTIZEN

○ 11. DIENSTAG

○ 12. MITTWOCH

AUFGABEN

○ 13. DONNERSTAG

○ 14. FREITAG

○ 15. SAMSTAG / 16. SONNTAG

Februar

Woche 8   17.02.20 - 23.02.20

○ 17. MONTAG

NOTIZEN

○ 18. DIENSTAG

○ 19. MITTWOCH

AUFGABEN

○ 20. DONNERSTAG

○ 21. FREITAG

○ 22. SAMSTAG / 23. SONNTAG

Februar

Woche 9					24.02.20 - 01.03.20

○ 24. MONTAG

NOTIZEN

○ 25. DIENSTAG

○ 26. MITTWOCH

AUFGABEN

○ 27. DONNERSTAG

○ 28. FREITAG

○ 29. SAMSTAG / 1. SONNTAG

März
Woche 10   02.03.20 - 08.03.20

○ 2. MONTAG

                                      NOTIZEN

○ 3. DIENSTAG

○ 4. MITTWOCH

                                      AUFGABEN

○ 5. DONNERSTAG

○ 6. FREITAG

○ 7. SAMSTAG / 8. SONNTAG

März

Woche 11

09.03.20 - 15.03.20

○ 9. MONTAG

NOTIZEN

○ 10. DIENSTAG

○ 11. MITTWOCH

AUFGABEN

○ 12. DONNERSTAG

○ 13. FREITAG

○ 14. SAMSTAG / 15. SONNTAG

März
Woche 12

16.03.20 - 22.03.20

○ 16. MONTAG

NOTIZEN

○ 17. DIENSTAG

○ 18. MITTWOCH

AUFGABEN

○ 19. DONNERSTAG

○ 20. FREITAG

○ 21. SAMSTAG / 22. SONNTAG

März
Woche 13

23.03.20 - 29.03.20

○ 23. MONTAG

NOTIZEN

○ 24. DIENSTAG

○ 25. MITTWOCH

AUFGABEN

○ 26. DONNERSTAG

○ 27. FREITAG

○ 28. SAMSTAG / 29. SONNTAG

März
Woche 14

30.03.20 - 05.04.20

○ 30. MONTAG

NOTIZEN

○ 31. DIENSTAG

○ 1. MITTWOCH

AUFGABEN

○ 2. DONNERSTAG

○ 3. FREITAG

○ 4. SAMSTAG / 5. SONNTAG

April
Woche 15   06.04.20 - 12.04.20

○ 6. MONTAG

NOTIZEN

○ 7. DIENSTAG

○ 8. MITTWOCH

AUFGABEN

○ 9. DONNERSTAG

○ 10. FREITAG

○ 11. SAMSTAG / 12. SONNTAG

April
Woche 16

13.04.20 - 19.04.20

○ 13. MONTAG

NOTIZEN

○ 14. DIENSTAG

○ 15. MITTWOCH

AUFGABEN

○ 16. DONNERSTAG

○ 17. FREITAG

○ 18. SAMSTAG / 19. SONNTAG

April
Woche 17

20.04.20 - 26.04.20

○ 20. MONTAG

NOTIZEN

○ 21. DIENSTAG

○ 22. MITTWOCH

AUFGABEN

○ 23. DONNERSTAG

○ 24. FREITAG

○ 25. SAMSTAG / 26. SONNTAG

April
Woche 18

27.04.20 - 03.05.20

○ 27. MONTAG

NOTIZEN

○ 28. DIENSTAG

○ 29. MITTWOCH

AUFGABEN

○ 30. DONNERSTAG

○ 1. FREITAG

○ 2. SAMSTAG / 3. SONNTAG

Mai

Woche 19

04.05.20 - 10.05.20

○ 4. MONTAG

NOTIZEN

○ 5. DIENSTAG

○ 6. MITTWOCH

AUFGABEN

○ 7. DONNERSTAG

○ 8. FREITAG

○ 9. SAMSTAG / 10. SONNTAG

Mai
Woche 20   11.05.20 - 17.05.20

○ 11. MONTAG

NOTIZEN

○ 12. DIENSTAG

○ 13. MITTWOCH

AUFGABEN

○ 14. DONNERSTAG

○ 15. FREITAG

○ 16. SAMSTAG / 17. SONNTAG

Mai

Woche 21

18.05.20 - 24.05.20

○ 18. MONTAG

○ 19. DIENSTAG

○ 20. MITTWOCH

○ 21. DONNERSTAG

○ 22. FREITAG

○ 23. SAMSTAG / 24. SONNTAG

NOTIZEN

AUFGABEN

Mai
Woche 22   25.05.20 - 31.05.20

○ 25. MONTAG

                                       NOTIZEN

○ 26. DIENSTAG

○ 27. MITTWOCH

                                       AUFGABEN

○ 28. DONNERSTAG

○ 29. FREITAG

○ 30. SAMSTAG / 31. SONNTAG

Juni

Woche 23

01.06.20 - 07.06.20

○ 1. MONTAG

○ 2. DIENSTAG

○ 3. MITTWOCH

○ 4. DONNERSTAG

○ 5. FREITAG

○ 6. SAMSTAG / 7. SONNTAG

NOTIZEN

AUFGABEN

Juni
Woche 24

08.06.20 - 14.06.20

○ 8. MONTAG

NOTIZEN

○ 9. DIENSTAG

○ 10. MITTWOCH

AUFGABEN

○ 11. DONNERSTAG

○ 12. FREITAG

○ 13. SAMSTAG / 14. SONNTAG

Juni

Woche 25

15.06.20 - 21.06.20

○ 15. MONTAG

NOTIZEN

○ 16. DIENSTAG

○ 17. MITTWOCH

AUFGABEN

○ 18. DONNERSTAG

○ 19. FREITAG

○ 20. SAMSTAG / 21. SONNTAG

Juni
Woche 26   22.06.20 - 28.06.20

○ 22. MONTAG

○ 23. DIENSTAG

○ 24. MITTWOCH

○ 25. DONNERSTAG

○ 26. FREITAG

○ 27. SAMSTAG / 28. SONNTAG

NOTIZEN

AUFGABEN

Juni

Woche 27   29.06.20 - 05.07.20

○ 29. MONTAG

                                  NOTIZEN

○ 30. DIENSTAG

○ 1. MITTWOCH

                                  AUFGABEN

○ 2. DONNERSTAG

○ 3. FREITAG

○ 4. SAMSTAG / 5. SONNTAG

Juli
Woche 28

06.07.20 - 12.07.20

○ 6. MONTAG

NOTIZEN

○ 7. DIENSTAG

○ 8. MITTWOCH

AUFGABEN

○ 9. DONNERSTAG

○ 10. FREITAG

○ 11. SAMSTAG / 12. SONNTAG

Juli

Woche 29   13.07.20 - 19.07.20

○ 13. MONTAG

                                        NOTIZEN

○ 14. DIENSTAG

○ 15. MITTWOCH

                                        AUFGABEN

○ 16. DONNERSTAG

○ 17. FREITAG

○ 18. SAMSTAG / 19. SONNTAG

Juli
Woche 30

20.07.20 - 26.07.20

○ 20. MONTAG

NOTIZEN

○ 21. DIENSTAG

○ 22. MITTWOCH

AUFGABEN

○ 23. DONNERSTAG

○ 24. FREITAG

○ 25. SAMSTAG / 26. SONNTAG

Juli

Woche 31   27.07.20 - 02.08.20

○ 27. MONTAG

NOTIZEN

○ 28. DIENSTAG

○ 29. MITTWOCH

AUFGABEN

○ 30. DONNERSTAG

○ 31. FREITAG

○ 1. SAMSTAG / 2. SONNTAG

August
Woche 32

03.08.20 - 09.08.20

○ 3. MONTAG

NOTIZEN

○ 4. DIENSTAG

○ 5. MITTWOCH

AUFGABEN

○ 6. DONNERSTAG

○ 7. FREITAG

○ 8. SAMSTAG / 9. SONNTAG

August
Woche 33   10.08.20 - 16.08.20

○ 10. MONTAG

NOTIZEN

○ 11. DIENSTAG

○ 12. MITTWOCH

AUFGABEN

○ 13. DONNERSTAG

○ 14. FREITAG

○ 15. SAMSTAG / 16. SONNTAG

August
Woche 34

17.08.20 - 23.08.20

○ 17. MONTAG

NOTIZEN

○ 18. DIENSTAG

○ 19. MITTWOCH

AUFGABEN

○ 20. DONNERSTAG

○ 21. FREITAG

○ 22. SAMSTAG / 23. SONNTAG

August
Woche 35   24.08.20 - 30.08.20

○ 24. MONTAG

                                  NOTIZEN

○ 25. DIENSTAG

○ 26. MITTWOCH

                                  AUFGABEN

○ 27. DONNERSTAG

○ 28. FREITAG

○ 29. SAMSTAG / 30. SONNTAG

August
Woche 36

31.08.20 - 06.09.20

○ 31. MONTAG

NOTIZEN

○ 1. DIENSTAG

○ 2. MITTWOCH

AUFGABEN

○ 3. DONNERSTAG

○ 4. FREITAG

○ 5. SAMSTAG / 6. SONNTAG

September

Woche 37   07.09.20 - 13.09.20

○ 7. MONTAG

NOTIZEN

○ 8. DIENSTAG

○ 9. MITTWOCH

AUFGABEN

○ 10. DONNERSTAG

○ 11. FREITAG

○ 12. SAMSTAG / 13. SONNTAG

September
Woche 38

14.09.20 - 20.09.20

○ 14. MONTAG

○ 15. DIENSTAG

○ 16. MITTWOCH

○ 17. DONNERSTAG

○ 18. FREITAG

○ 19. SAMSTAG / 20. SONNTAG

NOTIZEN

AUFGABEN

September
Woche 39   21.09.20 - 27.09.20

○ 21. MONTAG

                                           NOTIZEN

○ 22. DIENSTAG

○ 23. MITTWOCH

                                           AUFGABEN

○ 24. DONNERSTAG

○ 25. FREITAG

○ 26. SAMSTAG / 27. SONNTAG

September
Woche 40

28.09.20 - 04.10.20

○ 28. MONTAG

NOTIZEN

○ 29. DIENSTAG

○ 30. MITTWOCH

AUFGABEN

○ 1. DONNERSTAG

○ 2. FREITAG

○ 3. SAMSTAG / 4. SONNTAG

Oktober

Woche 41

05.10.20 - 11.10.20

○ 5. MONTAG

NOTIZEN

○ 6. DIENSTAG

○ 7. MITTWOCH

AUFGABEN

○ 8. DONNERSTAG

○ 9. FREITAG

○ 10. SAMSTAG / 11. SONNTAG

Oktober

Woche 42   12.10.20 - 18.10.20

○ 12. MONTAG

                                  NOTIZEN

○ 13. DIENSTAG

○ 14. MITTWOCH

                                  AUFGABEN

○ 15. DONNERSTAG

○ 16. FREITAG

○ 17. SAMSTAG / 18. SONNTAG

Oktober

Woche 43   19.10.20 - 25.10.20

○ 19. MONTAG

NOTIZEN

○ 20. DIENSTAG

○ 21. MITTWOCH

AUFGABEN

○ 22. DONNERSTAG

○ 23. FREITAG

○ 24. SAMSTAG / 25. SONNTAG

Oktober

Woche 44　　　　　　　　　　　　26.10.20 - 01.11.20

○ 26. MONTAG

NOTIZEN

○ 27. DIENSTAG

○ 28. MITTWOCH

AUFGABEN

○ 29. DONNERSTAG

○ 30. FREITAG

○ 31. SAMSTAG / 1. SONNTAG

November

Woche 45   02.11.20 - 08.11.20

○ 2. MONTAG

                                                       NOTIZEN

○ 3. DIENSTAG

○ 4. MITTWOCH

                                                       AUFGABEN

○ 5. DONNERSTAG

○ 6. FREITAG

○ 7. SAMSTAG / 8. SONNTAG

November
Woche 46

09.11.20 - 15.11.20

○ 9. MONTAG

NOTIZEN

○ 10. DIENSTAG

○ 11. MITTWOCH

AUFGABEN

○ 12. DONNERSTAG

○ 13. FREITAG

○ 14. SAMSTAG / 15. SONNTAG

November

Woche 47   16.11.20 - 22.11.20

○ 16. MONTAG

NOTIZEN

○ 17. DIENSTAG

○ 18. MITTWOCH

AUFGABEN

○ 19. DONNERSTAG

○ 20. FREITAG

○ 21. SAMSTAG / 22. SONNTAG

November

Woche 48	23.11.20 - 29.11.20

○ 23. MONTAG

NOTIZEN

○ 24. DIENSTAG

○ 25. MITTWOCH

AUFGABEN

○ 26. DONNERSTAG

○ 27. FREITAG

○ 28. SAMSTAG / 29. SONNTAG

November
Woche 49   30.11.20 - 06.12.20

○ 30. MONTAG

NOTIZEN

○ 1. DIENSTAG

○ 2. MITTWOCH

AUFGABEN

○ 3. DONNERSTAG

○ 4. FREITAG

○ 5. SAMSTAG / 6. SONNTAG

Dezember

Woche 50

07.12.20 - 13.12.20

○ 7. MONTAG

NOTIZEN

○ 8. DIENSTAG

○ 9. MITTWOCH

AUFGABEN

○ 10. DONNERSTAG

○ 11. FREITAG

○ 12. SAMSTAG / 13. SONNTAG

Dezember

Woche 51   14.12.20 - 20.12.20

○ 14. MONTAG

                                       NOTIZEN

○ 15. DIENSTAG

○ 16. MITTWOCH

                                       AUFGABEN

○ 17. DONNERSTAG

○ 18. FREITAG

○ 19. SAMSTAG / 20. SONNTAG

Dezember

Woche 52   21.12.20 - 27.12.20

○ 21. MONTAG

NOTIZEN

○ 22. DIENSTAG

○ 23. MITTWOCH

AUFGABEN

○ 24. DONNERSTAG

○ 25. FREITAG

○ 26. SAMSTAG / 27. SONNTAG

Dezember

Woche 53 28.12.20 - 03.01.21

○ 28. MONTAG

NOTIZEN

○ 29. DIENSTAG

○ 30. MITTWOCH

AUFGABEN

○ 31. DONNERSTAG

○ 1. FREITAG

○ 2. SAMSTAG / 3. SONNTAG

Januar 2020

Mo	Di	Mi	Do	Fr	Sa	So
30	31	1	2	3	4	5
6	7	8	9	10	11	12
13	14	15	16	17	18	19
20	21	22	23	24	25	26
27	28	29	30	31	1	2

Februar 2020

Mo	Di	Mi	Do	Fr	Sa	So
27	28	29	30	31	1	2
3	4	5	6	7	8	9
10	11	12	13	14	15	16
17	18	19	20	21	22	23
24	25	26	27	28	29	1

März 2020

Mo	Di	Mi	Do	Fr	Sa	So
24	25	26	27	28	29	1
2	3	4	5	6	7	8
9	10	11	12	13	14	15
16	17	18	19	20	21	22
23	24	25	26	27	28	29
30	31	1	2	3	4	5

April 2020

Mo	Di	Mi	Do	Fr	Sa	So
30	31	1	2	3	4	5
6	7	8	9	10	11	12
13	14	15	16	17	18	19
20	21	22	23	24	25	26
27	28	29	30	1	2	3

Mai 2020

Mo	Di	Mi	Do	Fr	Sa	So
27	28	29	30	1	2	3
4	5	6	7	8	9	10
11	12	13	14	15	16	17
18	19	20	21	22	23	24
25	26	27	28	29	30	31

Juni 2020

Mo	Di	Mi	Do	Fr	Sa	So
1	2	3	4	5	6	7
8	9	10	11	12	13	14
15	16	17	18	19	20	21
22	23	24	25	26	27	28
29	30	1	2	3	4	5

Juli 2020

Mo	Di	Mi	Do	Fr	Sa	So
29	30	1	2	3	4	5
6	7	8	9	10	11	12
13	14	15	16	17	18	19
20	21	22	23	24	25	26
27	28	29	30	31	1	2

August 2020

Mo	Di	Mi	Do	Fr	Sa	So
27	28	29	30	31	1	2
3	4	5	6	7	8	9
10	11	12	13	14	15	16
17	18	19	20	21	22	23
24	25	26	27	28	29	30
31	1	2	3	4	5	6

September 2020

Mo	Di	Mi	Do	Fr	Sa	So
31	1	2	3	4	5	6
7	8	9	10	11	12	13
14	15	16	17	18	19	20
21	22	23	24	25	26	27
28	29	30	1	2	3	4

Oktober 2020

Mo	Di	Mi	Do	Fr	Sa	So
28	29	30	1	2	3	4
5	6	7	8	9	10	11
12	13	14	15	16	17	18
19	20	21	22	23	24	25
26	27	28	29	30	31	1

November 2020

Mo	Di	Mi	Do	Fr	Sa	So
26	27	28	29	30	31	1
2	3	4	5	6	7	8
9	10	11	12	13	14	15
16	17	18	19	20	21	22
23	24	25	26	27	28	29
30	1	2	3	4	5	6

Dezember 2020

Mo	Di	Mi	Do	Fr	Sa	So
30	1	2	3	4	5	6
7	8	9	10	11	12	13
14	15	16	17	18	19	20
21	22	23	24	25	26	27
28	29	30	31	1	2	3

www.ingramcontent.com/pod-product-compliance
Lightning Source LLC
Chambersburg PA
CBHW050258220526
45465CB00002B/739